SIN SABER QUÉ TE ESPERA

Jesús Aparicio González

SIN SABER QUÉ TE ESPERA

Jesús Aparicio González

SIN SABER QUÉ TE ESPERA

(Poesía 2015)

colección
| Carpe Diem |

Sin saber qué te espera
Jesús Aparicio González

Colección: Carpe Diem
Dirección editorial: Ilia Galán

EntreAcacias, S. L.
[Sociedad editora]
c/Palacio Valdés, 3-5, 1º C
33002 Oviedo - Asturias (ESPAÑA)
Tel. (centralita): (+34) 984 300 233
info@arspoetica.es | pedidos@arspoetica.es

1ª edición: septiembre, 2019

ISBN: 978-84-17691-75-2
Depósito Legal: AS 02273-2019

Impreso en España
Impreso por Podiprint

«En mi pecho, el reloj de sangre mide
el temeroso tiempo de la espera.»

JORGE LUIS BORGES

EN MIS ZAPATOS

(Noche de Reyes)

Un viaje, un libro,
una pluma, un cuaderno
abierto en blanco.

Reloj y mucha magia
para el resto del año.

POÉTICA

Esa mano que escribe
sobre la arena,
de otro reflejo inédito
que dejan
unas futuras nubes
sobre las sombras viejas,

no engañará a la muerte
desatenta,
pero hace que un ángel
que sin palabras vuela
—en breve sueño—
pise la tierra.

UN SUEÑO BLANDO

...como el niño que ya no puede romper el juguete.

VICENTE ALEIXANDRE

Sin saber qué te espera, te has sentado
en un banco del parque y mientras miras
cómo pica unos restos de tu pan
una paloma solitaria y triste

aceptas ese sueño que te llega
blandamente y dejas caer los párpados
rendido a la vida que conduce
al olvido, sin saber qué te espera.

NIDO EN CONSTRUCCIÓN

Te guarda de las uñas
envidiosas de un tigre
al que han llamado mundo.

Te calienta en sus pajas
y el viento no se lleva la semilla
de un fecundado sueño.

Te llena la despensa
de un pan que no caduca.

Te abre una ventana
frente a la que preparas el futuro
de un deseado vuelo.

El mejor nido
es el silencio.

PEREGRINO AL MISTERIO

Ven,
deja que se apaguen las brasas
de una vieja memoria;
sal al camino
calzado con zapatos
de vagabundo:
un horizonte no escrito
espera esa palabra
que tu ignorancia nombre.

Y lo verás
al fondo de una cueva
acunando en lo oscuro
a un dios desconocido
con el canto que enseña
que hay dentro un pan oculto.

LATIDOS DE NIEVE

De madrugada,
con su bastón el ciego
busca el día,
llama al cielo.

Lee con lentitud
la nada oscura
mientras golpea el aire
y la memoria de la nieve
borra sus huellas.

CONDICIÓN DE RARO

A Efi Cubero

Le extraña a las arenas del desierto
su caminar sembrado de vacíos.

Le extraña al joven río de fértiles orillas
su nadar solitario y confiado.

Le extraña a esa nube cargada de promesas
su ascender encendido de raíces.

Su condición de raro
sobre una alfombra de palabras vuela.

PALABRAS

que son aire y el viento se las lleva.

Tras ellas yo no corro.
Me siento y en silencio
con la mano en la pluma, cual arado,
remuevo la memoria.

Soy hombre de palabra.
Muchas no.
Una y labrarla.

SIEMBRA

No sólo el viento
esparce sus antologías
por los bosques, inunda
de pólenes nuevos
las almas de los árboles.

También tú
injertas tus palabras
en los huecos hambrientos de las piedras
para enseñarles el sabor del pan
y despertar en ellas la memoria
de un corazón.

FRAGMENTOS DE ESCARCHA

De lo que hoy se pierde
no queda nada.
Me dicen, me revelo,
y a la razón del frío
le doy la espalda.
Me niego a creer
las verdades que matan.

Un vaso roto
conserva en la memoria
la frescura del agua.

LA SAL DE LA TORMENTA

está en su relámpago.

Todos los mares son
inabarcable suma
de instantes luminosos
que ya nadie recuerda.

DI

Di sí, di tierra, di savia.
Di no, di piedra, di muralla.
Di raíz, di ciprés, di pájaro en su rama.

Repite ese universo
en el que te imaginas feliz,
sin cargas,
repasa el perfil de cada letra
detente en la belleza
que tu jardín reclama.

El lenguaje construye tu casa.

AUTOBIOGRAFÍA DE UNA TAZA

Yo fui una alegre taza de las de antes
de aquellas que tuvieron alfarero
creador que modelaba a sus hijos
únicos y a imagen
de sus múltiples sueños.

De un pueblo con jardines
y doce fuentes
donde me despertaba
el canto de los pájaros
me llevaron a un unifamiliar en las afueras
de una ciudad dormida
y alimenté a tres generaciones
de hormigas silenciadas.

Arrinconada en una esquina
de un armario viejo y olvidado
me llené de polvo,

sobreviví a mis dudas
y velé entre las sombras
las heridas del siglo.

Al final una tarde fui víctima del juego
de un niño que buscaba en mi fondo
la historia de las bocas
que de mí bebieron.

Hecha añicos espero al amor
de un nuevo alfarero.

GRATIS

Escuchar
y salir de las sombras
que gobiernan el pozo.

Mirar
y adentrarse en el huerto
—suavemente empujados
por el sol del presente—
con pupilas lavadas.

Nombrar,
que la garganta crezca
y ascienda entre tambores
que en sorpresa han brotado
sobre la piel del agua.

Y nada más.

La música de fondo de la vida es gratis.

DE LO MÁS PEQUEÑO

En un diente de leche
está el colmillo del tigre,
en el copo de nieve más fugaz
el cristal permanente de los glaciares,
en el grano de polen
que una abeja pierde
la ilimitada extensión del bosque,
en la baba de un caracol
la bravura de un toro al defenderse.

Una mota de polvo
en su insignificante quietud
es presagio y semilla
de una constelación de voluntades.

PIEDRA AL AGUA

Con la piedra
que arrojas a la fuente
se enturbia el agua.

Espera ahora
a calmarte y espera
a que puedas leer
el agua clara.

Verás cómo la piedra
ni se mueve ni mueve
nada.

UN MÍNIMO CANTAR

Para hacer día
del sol su claridad,
para hacer huerto
polen que olivo da,

para hacer boca,
unas migas de pan,

para el sendero
piedra donde sentar
el pensamiento
que un verso va a crear.

SE SALVA

Como se salva
del cristal roto
un reflejo de sol amanecido,

deja que lo perdido eche raíces
en la misericordia
de sus cenizas.

PEQUEÑO INVENTARIO

Tu cuna, tu cometa,
tu cartilla, tu espejo,
tus juegos en la arena,

tu boli, tu guitarra.,
tus cuadernos en blanco,
tu carta enamorada,

más cuadernos ya rotos,
salvados de un naufragio,
los escritos, su polvo

ocultando el sentido,
tu reloj que no para
y que viaja contigo,

tus libros por leer,
los leídos que olvidas
y a escribir otra vez.

El viento lleva al mar
pavesas de una hoguera
encendida al azar.

PÁJARO SOLITARIO

A San Juan de la Cruz

En lo más alto
de alejada montaña

—donde el cielo le toca
le desnombra el silencio—

halló una cueva,
—virgen de humana imagen—
donde meterse

y a penas en cuclillas,
cual en seno materno,
vivir en paz
sin que nadie acompañe.

Tan sólo unas hormigas
van haciéndole hueco
en la nada.

Los labios saca al aire,
la lengua en sed dispuesta,
los ojos contemplando
el huir de las nubes
que sin agua le dejan.

Y mientras se acaricia
los pies descalzos
sigue escribiendo
lo que suavemente
ha cantado:

¡Oh dichosa ventura!...

PALIMPSESTO

Borraste tus dibujos infantiles,
las sencillas canciones
escritas en cuartetas
con rimas vanas,
los besos que no diste
que ayer fueron potencia y nunca acto,
los sueños poco hechos
velados con paciencia
en ciegas soledades,

y vuelves a empezar

aunque las huellas se resisten al olvido
y van marcando, te traicionan,
estos otros trazos que sueñas vírgenes,

y vuelves a empezar.

Escribes sobre la nada
que ingenuamente tú te has fabricado.

Todos tus días son palimpsesto.

TIERRA PREPARADA

Esta cuartilla en blanco
sabe su condición
de tierra preparada
para la lluvia.
Y yo, en el poema que aún no leo,
espero ver mi rostro,
mi mañana de río.

Atardece y aún
mi mundo no ha empezado.
El tiempo por hacer
espera su agua nueva
y yo en la orilla.

SIN VÉRTIGO

No te pierdas en complicados laberintos
con que el tiempo pretende confundirte
para que aborrezcas los primeros destellos
de esos sueños caídos de un manzano
desnudo de prohibiciones.

Búrlate del futuro mar amargo,
levanta el ancla de la orilla

y prémiate con un paseo
por los bordes de un alto acantilado
sabiendo que los pájaros solitarios
no tienen vértigo.

RECREO

Agua. Cerezas. Lectura.

Y en un rincón del patio
vida escrita a la sombra:

ejército de hormigas
trabajando en su nido.

VOTO DE SILENCIO

Tengo cosas urgentes que decir
pero hoy me las guardo
en caja de inocencias y dudas revisadas
y las medito
en la quietud de un cuarto oscuro
en la paz de este andar sin dar un paso

no sea que el sentido con la prisa
tropiece en las palabras
disparando más sombras y velando
la flor de lo esencial.

HOJA EN BLANCO

Creciente luz
en un amanecer sin huellas.
Misericordia de un dios amnésico.
Cuerpo desnudo para unas manos
que aún no han conocido otra piel.
Se nos ofrece el día virgen
para el agua que escribe desde dentro
con sus fluidos más humanos:
saliva, sangre, lágrima y esperma
de este amor que hoy se reencarna.
Una hoja en blanco:
pureza del olvido
espejo de la memoria
que hace nuestro futuro.

METAMORFOSIS DE LA LIBERTAD

Fecundada de asombro
se alimenta en el huevo
y aprende a vivir,

hasta que la oruga
rompe la cáscara
y se la engulle
rebelde.

Crecida la crisálida
con el vértigo a cuestas
aún no acierta a moverse
sino en propia defensa.

La libertad le llega al ser cantada
la luz que bebe
la joven mariposa
en el espliego.

NUBES, OLMOS

Hay personas que son nubes y otras olmos
[centenarios,
las primeras pasan dejando el recuerdo de ese
[instante
en que nos dieron sombra,
las segundas son refugio permanente ante el sol
[que abrasa.

HAY UN HOMBRE DORMIDO…

Hay un hombre dormido
sobre un banco de piedra
mientras la luz declina
y una brisa cansada
esconde entre los setos
hojas de flores secas
y trozos de un papel
al que el agua estancada
ha borrado lo escrito.

Hay un hombre dormido
sobre un banco de piedra
mientras hormigas buscan
el pan entre sus sueños.

INVENTANDO UN HIJO

El ser es un no ser aún.
ERNST BLOCH

Una mujer sentada a la sombra
de un ciruelo en flor
hace calceta inventando un hijo.

Otra cuenta pájaros
que atesoran yerba
para un nido futuro.

Mientras un hombre escribe
con manos agrietadas por secretos
que todavía están abonando la tierra.

Desde esta fertilidad soñada
por el huerto en barbecho
somos porque esperamos ser.

CALOR

Las lagartijas corren
buscando un agujero entre las piedras
al borde de una fuente.

Las avispas revolotean sobre
las cáscaras de plátano resecas
que alguien vació por los rincones.

Un perro vagabundo
hurga en los cementerios de la fiesta
entre flores marchitas
buscando esa cama
donde aquietar el miedo a la tormenta.

Con el calor
las sombras se persiguen a sí mismas

se ocultan en un yo cuarteado
que tal vez reconstruya
la noche.

HOYOS DE UN VIEJO PATIO

¿Cómo voló, qué aire
se llevó esas alas de ángel desprevenido,
el globo de la infancia y su luna arcoíris?

¿Cuándo esas fuentes
que reflejaron la intensidad de su deseo
dejaron de manar para sus ojos
la magia de añorados paraísos?

¿Dónde se consumió el fuego,
en qué patrias serias y responsables,
habituadas al frío,
levantó su despacho la razón?

¿Por qué espera la tierra su premio:
llenarse de miradas que lo han perdido todo
para abonar de pétreas dudas el silencio?

En silencio se va hoyando el patio
de preguntas

y un abalorio de olvidos
escribe nuestra biografía.

LA ARAÑA CIEGA

La araña ciega
con la mano cortada
hila también.

CINE AL AMANECER

Sobre la tapia en blanco
la sombra lenta del ciprés
confiada amanece como siempre
a las siete.
Su serena y metódica
conquista de lo eterno
espera un día limpio.

Entonces
la sombra de dos pájaros
violan el silencio de la luz:
¿juegan o pelean?
¿o persiguen los gozos del amor
con alas inocentes
o les mueve la fiebre de su ira
por el poder del pico?.

Las diarias rutinas
esconden
bajo su tierra de abandono
y yerbas dóciles
el germen de la sorpresa,
ese secreto azar con que el destino
construye inesperadas aventuras.

PEQUEÑOS DESEOS

A bien poco aspiramos,

sereno, limpio y claro, nido abierto
donde de nuestras soledades
dar canto y cuento,
soltura en la mirada,
libertad en los dedos,
para sujetar en la arcilla al dios
que nos mueve por dentro,

y unas pocas palabras que nos nombren
y con nosotros hagan el sendero
en busca de la puerta
del misterio.

REGRESO

Se ha traído arena de la playa
y un frasco lleno de agua con su sal
y en ellos hoy contempla
otro sueño apagado,

esa amarga impotencia
de no ser mar.

LA SANGRE DE LAS FLORES

Hace bastante tiempo que corté
las flores del jardín.
Quise inocente
conservarlas en agua,
acrecentar su luz
retrasando su muerte
en el salón.

Ahora contemplo
sobre la mesa pétalos caídos
que impotentes quisieran
arar la esperanza.

Y el barro de su espíritu descubre
mi propio rostro como en un espejo.

La sabia transparencia del jarrón
nos deja su lección en esa agua
manchada con la sangre de las flores.

LUZ

Luz.
Luz sobre la tierra.
Luz sobre la tierra mojada.
Luz sobre la tierra mojada donde crece la hierba.
Luz sobre la tierra mojada donde crece la hierba
de la que un pájaro arranca la semilla.
Luz sobre la tierra mojada donde crece la hierba
de la que un pájaro arranca la semilla y un hombre
lo contempla.
Luz sobre la tierra mojada donde crece la hierba
de la que un pájaro arranca la semilla y un hombre
lo contempla y pronuncia la palabra siembra...
y se hace más Luz.

ALBADA

El aire está dejando
limaduras de luz
sobre las amapolas
mientras beben sus pétalos
los restos de una noche
que ha traído memoria
de candentes raíces
armadas de futuro.

Lo que pasa en el tiempo en que se está
despertando un poema
abre las páginas de un libro
donde la muerte no encuentra
la última palabra.

DE FRENTE EN LA TORMENTA

Calla en el relámpago
del desamor.

Calla en el trueno
del odio y el desprecio.

Calla en la riada
de los gritos y burlas.

Calla y espera
a verte en el espejo
de ese charco en reposo.

Una respuesta adquiere
verdadero sentido
cuando el miedo ha pasado.

EL OLOR DE LAS VELAS

Aquí no hay nada,
nadie recuerda el tacto de la pluma
ni la sombra del libro abierto.
En la eternidad todo es olvido.
Y sin embargo sobrevive
el olor de las velas
y un latido se escucha al otro lado
del espejo.

SIETE VASOS DE AGUA

Uno para los pájaros,
otro para el clavel.

Uno para tu hijo,
otro el de tu mujer.

Uno para el hermano
y al amigo también.

El último, ese sí,
para calmar tu sed.

UN MILAGRO PEQUEÑO

Las sombras de la noche
ponen cerco a mis ojos
con la falsa certeza
de haberlo visto todo.

Aún así me apetece
madrugar para ver
un milagro sencillo:

que está lloviendo ya
y a la parra del jardín
la respetan los pájaros.

HORA DEL ÁNGELUS

Una amapola sola
al borde del camino.

El polvo que le escupen
las ruedas de los coches al pasar
dan más brillo a sus pétalos,

en plenitud abiertos
al sol
—común a todos—
del mediodía.

CANCIÓN PARA EL 1 DE NOVIEMBRE

Lo que dice la piedra
nos ha abierto los ojos
en la noche más cierta.

En la vida de todos
nada hay que permanezca
salvo la voz del Otro.

Con el amor se llena
la vida de otro modo
mientras hay quien te besa.

Y en la muerte tú sólo
muerdes bajo la tierra
silencio, olvido y polvo.

En la noche sin puertas
nos ha abierto los ojos
lo que dice la piedra.

POETAS SUICIDAS

Hay quien decide matarse de repente en un
[único verso

y quien lo hace
poco a poco
engañando sin tregua,
vanamente, a la muerte,
con un verso diario
que pretende dar muestra
de esas bellas mentiras
y el sagrado misterio
que conforman su vida.

CIELO HABITADO

Ni lienzo ni papel.
Ni color ni palabras.

En lo alto un poema
navegando a favor del viento
hasta encarnarse
fecundando las piedras,
manantiales y árboles
y esa cara mudable de las cosas
que aún no conocemos.

En nuestro cielo
bandada de gorriones.
Alas de lluvia.

GRULLAS VOLANDO

En el silencio azul
hoy se puede escuchar
el secreto latido
de las grullas volando.

En esta calma almada
el ritmo del vivir
aletea y presagia
del canto su niñez.

Testigo de esta paz
sobre el hilo finísimo
de la contemplación
el vate calla aún.

VIDA DE LAS MARIPOSAS

La mariposa
del huido verano
que yo recuerdo,

igual que esa otra
imaginada diosa
aún por venir,

viven en ésta
que se resiste a ser
cazada hoy.

YA

En vísperas de todo,
de todo por llegar.

Cuando no había calles,
ni puertos, ni hoteles,
ni pájaro en su nido,
ni estrellas, ni memoria
de ningún alfabeto
y nada era nada
aún, cuando el olvido
era sólo silencio,
me entregaste la llave
de la atención
y me dijiste espera
a que se abran mis ojos.

Cuando me dices ya,
entonces, es ayer.

SE DESHACE LA HOJA...

Se deshace la hoja
seca del olmo viejo
entre mis dedos. Muestra
su esqueleto al aire.

No le queda dolor
al otoño. Se duerme
sobre el barro y calla
su luz y su sentido
hasta la primavera.

Han de brotar de nuevo
hojas verdes al árbol
de ojos eternos.

SI LO LLAMAS AMOR…

Si lo llamas amor
si lo buscas y quieres
para ser de verdad
y sentirte un hombre:

no lo manches
con la mirada sucia
de tu espejo agrietado

no le mientas
con la palabra alzada
desde tu altavoz ronco

no lo ates
con ese pensamiento
que es cuerda de galera

no le pegues
con tu mano cruzada
de viejas cicatrices

no lo mates
con el arma sin dueño
que contra ti se vuelve.

Dale tu vaso de agua
cuando mueres de sed
si lo llamas amor.

EL GRITO
(Agorafobia)

Ruido de pasos,
sombras,
máscaras,
cuchillos,
sonrisas desdentadas.

Tras una esquina
el infernal abrazo
de las multitudes.

ASEO MATUTINO

En esta noche
de persianas bajadas
—en la que he deambulado locamente
como un ratón insomne—
me reclama una deuda
esa vida que aún no he abrazado.

Dejo correr entonces
por mi cabeza el grifo
de las miradas frías,
de las palabras huecas,
de los gestos más torpes.

Con el agua que limpia
de mis ojos el polvo
de los sueños perdidos
me devuelve el espejo el rostro
de la esperanza.

EN SOLEDAD

En soledad semillas
tejen cuerpo y voz,
claridad e inocencia
de un paisaje futuro.

En soledad la espiga
bebe en lago sin límites
las luces aquietadas
del sol que le acaricia.

En soledad el pan
alimenta los pájaros
que en soledad escuchan
el preludio del canto.

ESPECTADOR

Hoy no tenemos nada que contarnos,
sorpresa y aventura
son de los otros:

conducir toda la noche hasta el amanecer,
esperar un avión sin billete de vuelta,
someterse a análisis de resultado incierto,
y dormir, a Dios gracias, con ansiolíticos,
no son nuestra directa experiencia,
son esas cosas que le pasan a tu hermano,
a tu hijo, a tu mujer, a tus amigos.

Volvemos a acostarnos sin ninguna arruga,
hoy no nos ha pasado nada,
pero , si bien lo piensas,
corazón encogido,
también somos actores en el juego

aventurado de los otros, nadie
en este día fue un apacible
espectador.

CREPUSCULARIO

En estanque encendido
esa hoja que bebió
el amor en su espejo
tuvo ya su crepúsculo.

En el estanque helado
esta última hoja
que se rindió al silencio
tiene aquí su crepúsculo.

El de ayer, el de hoy,
el de mañana: ocultos.
Todos los soles mueren
pero el Sol permanece.

EL TIEMPO Y SU MOLINO

Por el camino
barre el viento la hojas
que se han dormido.

Dulce nana que muele
el grano del destino.

EPITAFIO

Hombre sin huella,
lagartija sin sombra
y espiga desgranada,
perfil son de las nubes
que el viento desdibuja.
Están de paso.
Sólo el mármol deja
resbalar el agua
sin que borre lo escrito,
para nada.

DESPEDIDA

Se cae del árbol
la fruta en el jardín.
Madura el cielo.

Un pájaro en el pico
se lleva la semilla
que ha de ser memoria
de sus cenizas.

PUNTO

El punto prefigura
la línea y el dibujo,
su solo movimiento
desenreda el vacío.

El punto abarca entero
la órbita de una estrella
que se ha dejado ver
en una gota de agua.

El punto es ese círculo
—anillo fecundado—
que creciendo se adentra
en el mar que nos viene.

EPÍLOGO
TRAS UNA DESPEDIDA

A mi padre

In memoriam

I

EN AISLAMIENTO 205 C

Esta pequeña celda de hospital
contiene todo el tiempo que nos sobra.
Tras la ventana ese otro
que no hemos sabido redimir.
Sobre sábanas blancas sin memoria
se revuelve el espejo en que me miro
y no me reconoce.
Por el alma de un cable baja
la transparencia que hoy estamos siendo:
un goteo de vida
que se ha de reponer.
Aquí está el dolor
para servirlo.

(31 de agosto de 2019)

II

FLUIR

Polvo al polvo,
agua al agua.
Y el barro deshaciéndose.

Todo fue para nada,
nada por donde fluye
lo que fue todo.

Flujo de tempestades
ya pasadas que van
a dar a la mar,
infundiendo ese sueño
del que no se regresa.

(9 de septiembre de 2019)

III

EN VELA

La noche tiene un fin,
un deseo y un ruego, una oración:

que nuestra vela encuentre su sentido
a esperar que la respiración deje
su cadencia de sombras
en la blanca pared del silencio.

(10 de septiembre 2019)

IV

UNAS HORAS DESPUÉS

Examiné todas las acciones que se hacen bajo el sol:
todo es vanidad y caza de viento...
ECLESIASTÉS 1,14

Unas horas después de enterrar a tu padre
te entran ganas de hacer de todo
y de no hacer nada,
de ponerte a leerlo todo
y de no leer nada,
de obligarte a escribir de todo
y de no escribir nada,
de soltarte a cantar de todo
y de no cantar nada,
de sentarte a pintar de todo
y de no pintar nada,

de pararte a pensar de todo
y de no pensar nada,
de caminarte el campo todo
y de caminar nada...

Leer y escribir
y cantar y pintar
y pensar y andar...
sueñas que todo eso
llene toda la nada.

Unas horas después
de enterrar a tu padre te das cuenta
de que la vida es todo para nada.

(13 de septiembre de 2019)

ÍNDICE

Esta obra de Jesús Aparicio González
terminó de componerse en las
colecciones de la editorial
ARS POETICA
en el día 12 de
septiembre de
2019